«¡Esto es magnífico!
¡Ahora empieza realmente la diversión!».
WILLY WONKA

Papel certificado por el Forest Stewardship Council®

MIXTO
Papel | Apoyando la
silvicultura responsable
FSC® C117695

Penguin
Random House
Grupo Editorial

Título original: *Where's Wonka? A Search-and-Find Book*
Publicado por primera vez en Estados Unidos en 2023 por Grosset & Dunlap,
un sello de Penguin Random House LLC, Nueva York

ROALD DAHL

www.roalddahl.com

Primera edición: noviembre de 2023
© 2023, The Roald Dahl Story Company Ltd. ROALD DAHL es una marca registrada de The Roald Dahl Story Company Ltd.
© 2023, Penguin Random House Grupo Editorial, S.A.U.
Travessera de Gràcia, 47-49. 08021 Barcelona
© 2023, Penguin Random House Grupo Editorial / Oriol Roca Baringo, por la traducción
© 1978, Verónica Head, por la traducción de los extractos de *Charlie y la fábrica de chocolate*
Diseño de Mary Claire Cruz
Color de Wren McDonald y Meaghan Carter

Printed in Spain - Impreso en España

ISBN: 978-84-19507-34-1
Depósito legal: B-15617-2023

Impreso en Índice, S.L. (Barcelona)

AL07341

ROALD DAHL

¿DÓNDE ESTÁ WONKA?

Busca y encuentra

escrito por Hannah Sheldon-Dean

ilustrado por Wren McDonald

ALFAGUARA

¿DÓNDE ESTÁ WONKA?

¡Willy Wonka es el fabricante de chocolate más avispado del mundo! Ha invitado a Charlie Bucket y a otros niños a su asombrosa fábrica, pero continuamente se escabulle. De hecho, muchas otras cosas también han desaparecido. ¡Está en tus manos encontrar a Wonka y todo lo demás!

¡Veamos la Sala de Invenciones, por ejemplo! ¿Dónde está Wonka?

Quizá hayas conseguido seguirle el rastro esta vez, pero ¿podrías hacerlo de nuevo? ¡Continúa leyendo y averígualo!

UN GRUPO MUY DULCE
¿QUIÉN ES QUIÉN?

Charlie Bucket

es el héroe de nuestra historia. Es un niño bueno, amable y sensato, y lo que más adora en el mundo es el chocolate.

El abuelo Joe

es el abuelo de Charlie y su intrépido acompañante en la Fábrica de Chocolate de Wonka. Aunque tiene noventa y seis años y medio, siempre está listo para una gran aventura.

Augustus Gloop

es un glotón al que solo le interesa comer. Es la primera persona en encontrar uno de los codiciadísimos Billetes Dorados de Wonka.

Veruca Salt

es una niña maleducada a la que sus padres han mimado a base de bien. Ella encuentra el segundo Billete Dorado, pues su padre le compra miles de chocolatinas y paga a sus trabajadoras para que las desenvuelvan.

Violet Beauregarde

es una chica ruidosa y parlanchina cuya posesión más preciada es un chicle que lleva mascando tres meses seguidos. No le entusiasman particularmente las chocolatinas, pero aun así encuentra el tercer Billete Dorado.

Mike Tevé

adora la televisión y posee nada más y nada menos que dieciocho mandos para cambiar de canal. Él encuentra el penúltimo Billete Dorado de Wonka.

Los Oompa-Loompas

trabajan en la fábrica de Wonka. Vienen de un país lejano y les gusta cantar canciones que ellos mismos se inventan. ¡Adoran tanto el chocolate que les pagan en granos de cacao!

El tendero

vende a Charlie la chocolatina que contiene el último Billete Dorado y lo ayuda a huir de la multitud que quiere comprarle el billete.

El señor y la señora Bucket

son los padres de Charlie. Son muy pobres, pero trabajan duro para cuidar de Charlie y de los abuelos, y para regalarle a su hijo una chocolatina para su cumpleaños cada año.

La abuela Josephine, el abuelo George y la abuela Georgina

son los otros abuelos de Charlie. Están tan cansados que se pasan el día en la cama, pero se incorporan rápidamente siempre que Charlie llega a casa y les encanta contarle historias.

son los padres de Veruca. No soportan ver a su hija infeliz, así que ¿quién puede culparlos por darle todas y cada una de las cosas que desea?

El señor y la señora Gloop

son los padres de Augustus. Rebosan orgullo por su hijo y su admirable dedicación a la comida.

El señor y la señora Tevé

son los padres de Mike. No les preocupa que su hijo ame tanto la televisión... o, como mínimo, no al principio.

El señor y la señora Beauregarde

son los padres de Violeta. Se sienten muy orgullosos de ella por haber encontrado uno de los Billetes Dorados, pero preferirían que su hija no se pasara el día mascando chicle.

LAS PUERTAS DE LA FÁBRICA

Charlie Bucket pasa por delante de las gigantescas puertas de la Fábrica de Chocolate de Wonka cada día.
¡El aire aquí es tan deliciosamente achocolatado que a duras penas percibe nada más a su alrededor!

A VER SI ENCUENTRAS:

- ☐ a Charlie Bucket
- ☐ un perro conductor
- ☐ dos globos de caramelo extraviados
- ☐ una pala quitanieves
- ☐ tres tartas de manzana

- ☐ un cubo de sobras
- ☐ siete copos de nieve
- ☐ tres gatos
- ☐ a tres niños bajo un abrigo largo
- ☐ cuatro antenas de televisión

- ☐ un lagarto robando una chocolatina
- ☐ dos carteles de «Agotadas»
- ☐ un muñeco de nieve con cuerpo de niño
- ☐ cinco sombreros de copa verdes
- ☐ a Willy Wonka

POR LA CIUDAD

Finalmente, Wonka abre las puertas de su fábrica, pero ¡solo a los cinco afortunados que han encontrado los esquivos Billetes Dorados! Quién sabe, podría haber uno aquí, en la ciudad de Charlie. ¡Los otros cuatro están repartidos a lo largo y ancho de este libro! Está en tus manos encontrarlos.

A VER SI ENCUENTRAS:

- ☐ un Billete Dorado
- ☐ un ganso cruzando la calle
- ☐ una rueda de bicicleta solitaria
- ☐ dos cerditos hechos añicos
- ☐ el martillo que los rompió
- ☐ tres televisores

- ☐ al profesor Foulbody y su máquina para encontrar Billetes Dorados
- ☐ un huevo de pájaro azul con motas
- ☐ cinco pompas de chicle
- ☐ a un ladrón de dulces
- ☐ un tigre

- ☐ a una persona con zancos
- ☐ un globo
- ☐ un as
- ☐ un cucurucho con cinco sabores
- ☐ un sombrero volando
- ☐ a Willy Wonka

LA TIENDA DE GOLOSINAS

¡Yuhu! Charlie ha encontrado el último Billete Dorado y en la fábrica de Wonka lo aguardan grandes sorpresas. ¿Qué otras cosas podría haber escondidas en la tienda de golosinas?

A VER SI ENCUENTRAS:

- ☐ nueve ardillas de chocolate
- ☐ nueve monedas de plata brillantes
- ☐ una bicicleta nueva
- ☐ una gamba de caramelo
- ☐ unas gafas de caramelo

- ☐ la última barra de Delicia de Chocolate y Caramelo Batido de Wonka
- ☐ un palacio de chocolate
- ☐ una partida de ajedrez
- ☐ una pompa de chicle rota y pringosa

- ☐ al profesor Foulbody y su máquina para encontrar Billetes Dorados
- ☐ una pecera
- ☐ una tetera con forma de elefante
- ☐ a Willy Wonka

LA CASA DE CHARLIE

¡Tres vivas para Charlie! El abuelo Joe está tan contento de oír las buenas noticias sobre el Billete Dorado que se levanta de un salto de la cama. Justo a tiempo..., ¡pues la visita a la fábrica es mañana!

A VER SI ENCUENTRAS:

- ☐ al señor Bucket
- ☐ a la señora Bucket
- ☐ el tapón de la pasta de dientes
- ☐ una olla de sopa de repollo
- ☐ una esfera de nieve rota
- ☐ tres gatos

- ☐ tres pelotas de béisbol
- ☐ dos dados
- ☐ cuatro gorros de dormir
- ☐ siete telarañas
- ☐ una Sorpresa de Nuez Wonka sin abrir

- ☐ cinco mariquitas
- ☐ cinco velas
- ☐ el monedero del abuelo Joe
- ☐ cinco ratones
- ☐ las gafas del abuelo Joe
- ☐ a Willy Wonka

ANTES DE ENTRAR EN LA FÁBRICA

¡Ya casi es la hora! La visita a la fábrica de chocolate está a punto de empezar.
Wonka aún no ha hecho su aparición, pero ¡seguro que está escondido no muy lejos de aquí!

A VER SI ENCUENTRAS:

- ☐ un Billete Dorado
- ☐ un globo rojo
- ☐ una bicicleta bien alta
- ☐ a un dentista enfadado
- ☐ siete perros

- ☐ al tendero
- ☐ un reloj que señala cuándo empezará la visita
- ☐ a un hombre disfrazado de osito
- ☐ a una niña en un pogo saltarín

- ☐ un muñeco de nieve
- ☐ a un malabarista
- ☐ a alguien con un nido en la cabeza
- ☐ a cuatro reporteros
- ☐ a Willy Wonka

EL RECINTO DE CHOCOLATE

El Recinto de Chocolate es el corazón de la fábrica. Hay infinidad de cosas que mirar, pero ¡no perdáis la cabeza, ni ninguna parte, si podéis evitarlo!

A VER SI ENCUENTRAS:

- ☐ a Augustus Gloop
- ☐ un Oompa-Loompa oliendo un botón de oro
- ☐ una bola de chocolate montaña abajo
- ☐ el paraguas de la señora Gloop
- ☐ nueve orugas verdes

- ☐ un árbol con una guinda en lo más alto
- ☐ un Oompa-Loompa con un cortacésped
- ☐ una calabaza de Halloween
- ☐ una ardilla
- ☐ un Oompa-Loompa con patines

- ☐ el símbolo de una bandera pirata
- ☐ un reloj de sol de caramelo
- ☐ un monopatín
- ☐ a un submarinista
- ☐ un pájaro con un sombrero de copa
- ☐ a Willy Wonka

EL BARCO DE CARAMELO DE FRESA

¡Todos a bordo! Es la hora de descender por las aguas del río de chocolate en el yate privado de Wonka. ¡Es un trayecto movido, pero hay mucho que descubrir!

A VER SI ENCUENTRAS:

- ☐ una taza de chocolate caliente
- ☐ un Oompa-Loompa con un remo
- ☐ una vaca con peluca
- ☐ diez cupcakes violetas
- ☐ ocho peces de gominola
- ☐ cuatro grageas de colores

- ☐ dos chupa-chups luminosos
- ☐ la llave de la Sala de Invenciones
- ☐ un Billete Dorado
- ☐ un unicornio hinchable
- ☐ un catalejo
- ☐ una bebida de piña

- ☐ un reloj despertador
- ☐ un televisor
- ☐ un cencerro
- ☐ dos mensajes en sendas botellas
- ☐ cuatro cofres del tesoro
- ☐ a Willy Wonka

LA SALA DE INVENCIONES

¡Aquí es donde se cuecen las nuevas invenciones más secretas de Wonka! Está estrictamente prohibido tocar, probar y entrometerse, aunque un montón de cosas están fuera de lugar.

A VER SI ENCUENTRAS:

- ☐ a Violet Beauregarde
- ☐ una comida de tres platos de chicle
- ☐ una gota de toffee capilar
- ☐ cinco grageas del arco iris
- ☐ una almohada de algodón de azúcar
- ☐ un cuenco de sopa de tomate caliente

- ☐ un Oompa-Loompa con un Caramelo Eterno
- ☐ un trozo de pastel de arándanos
- ☐ un caramelo cuadrado fisgón
- ☐ tres carteles de «Se busca»
- ☐ una partida de tira y afloja

- ☐ una manzana cadavérica
- ☐ papel comestible para empapelar
- ☐ una piñata reventada
- ☐ un Oompa-Loompa resbalando con una piel de plátano
- ☐ a Willy Wonka

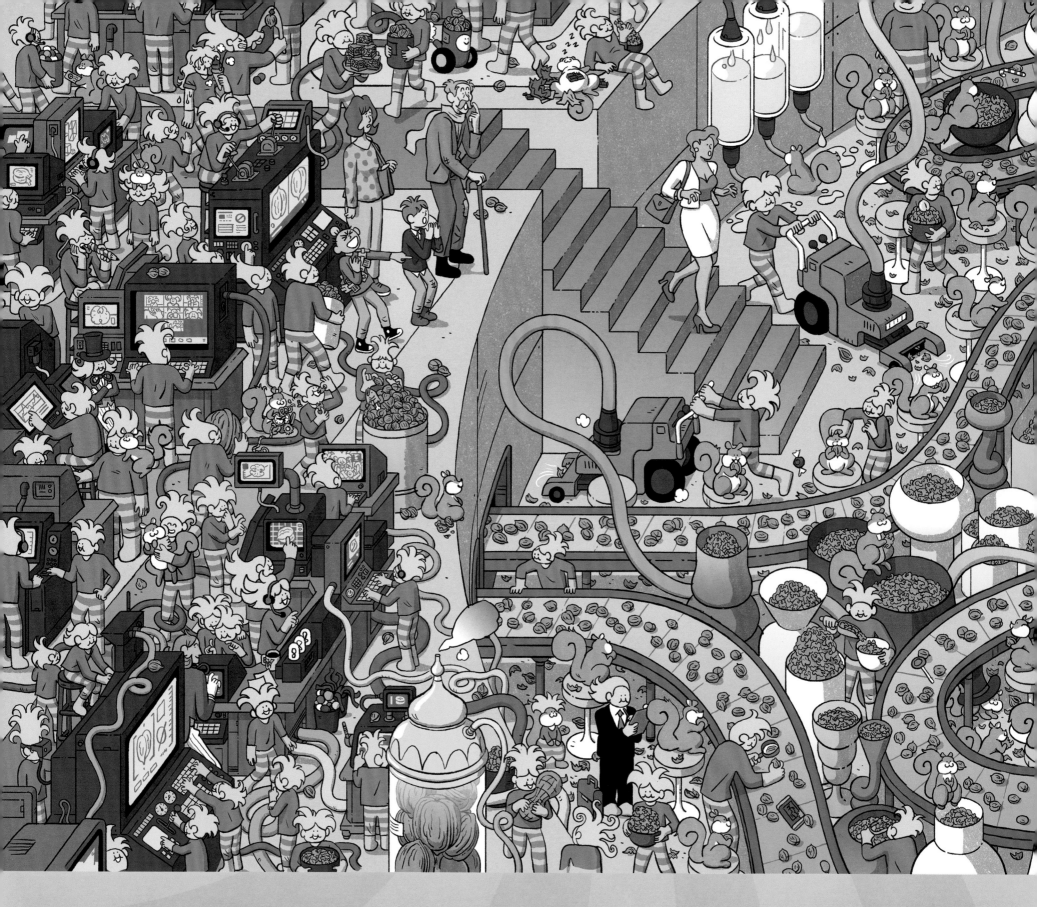

EL CUARTO DE LAS NUECES

Estas ardillas lo dan todo para separar las malas nueces de las buenas. Son adorables,
pero, ¡ojo!, no dudarán en tirar las nueces malas al incinerador.

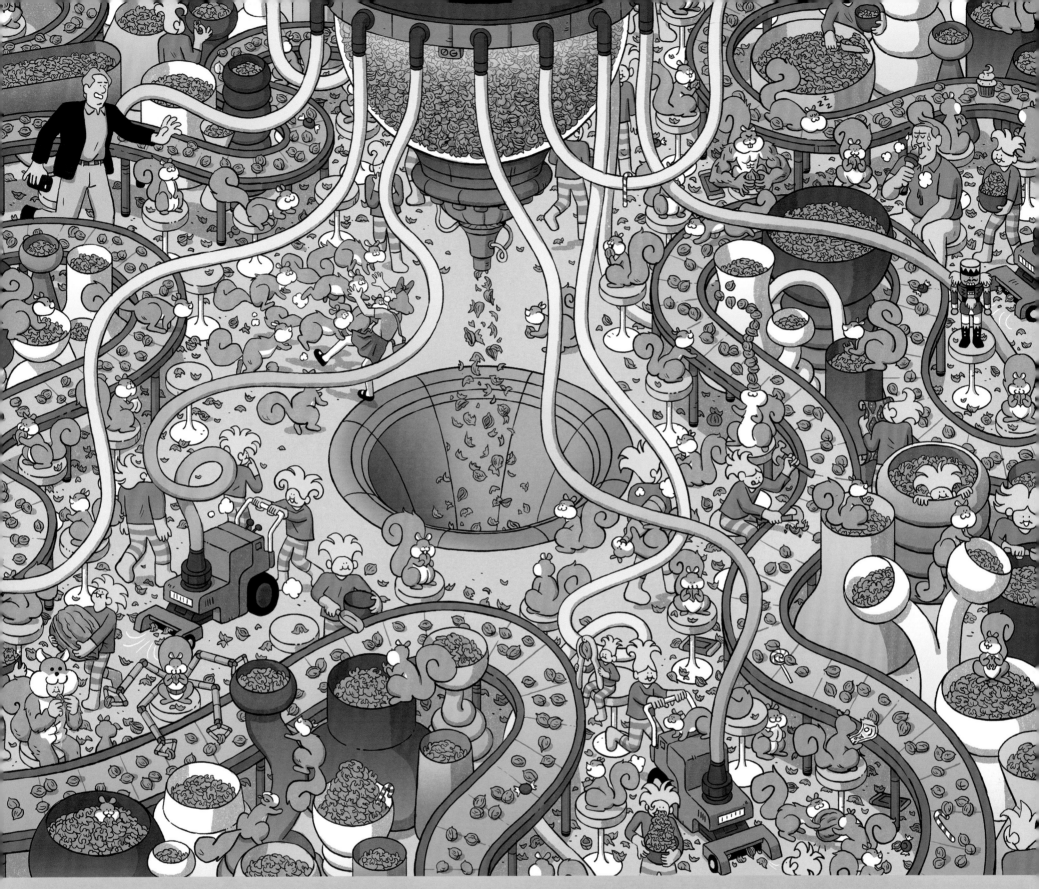

A VER SI ENCUENTRAS:

- [ ] a Veruca Salt
- [ ] dos helados calientes para días fríos
- [ ] cuatro avellanas doradas y perfectas
- [ ] una burbujeante botella de bebida gaseosa que levanta
- [ ] un trozo de papel comestible para empapelar

- [ ] una ardilla con el sombrero de Wonka
- [ ] una ardilla con un Billete Dorado
- [ ] una ardilla con un mando a distancia
- [ ] una ardilla vestida de Oompa-Loompa
- [ ] dos ardillas echándose una siesta
- [ ] un cacahuete gigante
- [ ] una cabeza de pescado

- [ ] cuatro chocolatinas de Wonka
- [ ] un soldado cascanueces
- [ ] un cupcake
- [ ] cuatro bastones de caramelo
- [ ] un Oompa-Loompa disfrazado de ardilla
- [ ] a Willy Wonka

LA SALA DEL CHOCOLATE DE TELEVISIÓN

Esta no es una televisión sin más. ¡Es una televisión que enviará chocolate a cualquier lugar del planeta! Podría ser útil también para enviar otras cosas... o podría no serlo.

A VER SI ENCUENTRAS:

- [ ] a Mike Tevé
- [ ] cuatro pares de gafas perdidos
- [ ] seis chocolatinas invisibles
- [ ] un traje espacial escarlata
- [ ] tres coches encogidos por la televisión
- [ ] un bol de cereales con leche

- [ ] un Oompa-Loompa con una gran pastilla
- [ ] un Oompa-Loompa comiendo palomitas
- [ ] un Oompa-Loompa director
- [ ] un Oompa-Loompa robot
- [ ] un Oompa-Loompa superhéroe
- [ ] un Oompa-Loompa mochilero

- [ ] un televisor pecera
- [ ] un muñeco de Willy Wonka
- [ ] un paraguas
- [ ] un chupa-chups gigante
- [ ] ocho pilas de caramelo
- [ ] a Willy Wonka

DENTRO DEL GRAN ASCENSOR DE CRISTAL

¡Incluso la gigantesca fábrica de chocolate parece pequeña a mil metros de altura! Puedes distinguir todo tipo de cosas a vista de pájaro, ¡hasta algunos de los proyectos secretos de Wonka!

A VER SI ENCUENTRAS:

- ☐ una ardilla extraviada con una avellana
- ☐ una montaña de turrón
- ☐ la entrada a una mina de caramelo
- ☐ un huerto de manzanos de caramelo
- ☐ tres carretillas llenas de chucherías
- ☐ una vaca que da leche con chocolate

- ☐ cuatro Oompa-Loompas que han bebido demasiada gaseosa que levanta
- ☐ una piscina de limonada con gas
- ☐ una carretilla a la fuga
- ☐ una cometa
- ☐ una almeja

- ☐ una máquina que hace caramelos acalorantes
- ☐ un caracol
- ☐ un gusano de gominola
- ☐ a un apicultor
- ☐ a Willy Wonka

UNA NUEVA VISTA DE LA CIUDAD

Ahora que Charlie es el propietario de la Fábrica de Chocolate de Wonka, ¡la ciudad nunca le ha parecido más apetecible!
Es hora de volver a casa, recoger a su familia y prepararse para una maravillosa y bien nutrida vida en la fábrica.

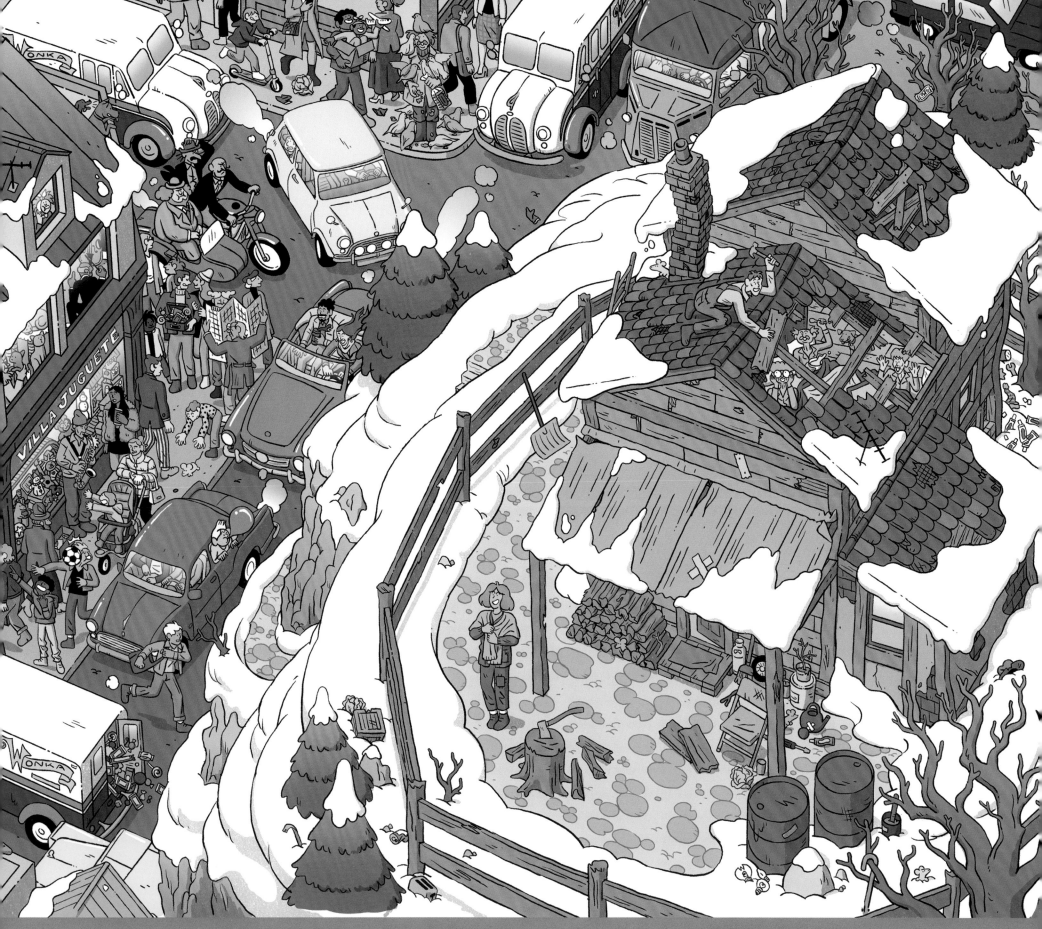

A VER SI ENCUENTRAS:

- ☐ cinco camiones llenos de chucherías
- ☐ cuatro repollos
- ☐ siete perros
- ☐ una lavadora que rebosa
- ☐ al tendero

- ☐ un pez volador
- ☐ dos aviones de papel
- ☐ un cubo de pintura
- ☐ un balón de fútbol
- ☐ una fiambrera llena de caramelos

- ☐ a Fickelgruber, Prodnose y Slugworth dándose a la fuga
- ☐ cinco ratones
- ☐ una tarta de cumpleaños
- ☐ a Willy Wonka

LISTA DE BÚSQUEDAS DISPARATADAS

LAS PUERTAS DE LA FÁBRICA

- [ ] a Charlie Bucket
- [ ] un perro conductor
- [ ] dos globos de caramelo extraviados
- [ ] una pala quitanieves
- [ ] tres tartas de manzana
- [ ] un cubo de sobras
- [ ] siete copos de nieve
- [ ] tres gatos
- [ ] a tres niños bajo un abrigo largo
- [ ] cuatro antenas de televisión
- [ ] un lagarto robando una chocolatina
- [ ] dos carteles de «Agotadas»
- [ ] un muñeco de nieve con cuerpo de niño
- [ ] cinco sombreros de copa verdes
- [ ] a Willy Wonka

POR LA CIUDAD

- [ ] un Billete Dorado
- [ ] un ganso cruzando la calle
- [ ] una rueda de bicicleta solitaria
- [ ] dos cerditos hechos añicos
- [ ] el martillo que los rompió
- [ ] tres televisores
- [ ] al profesor Foulbody y su máquina para encontrar Billetes Dorados
- [ ] un huevo de pájaro azul con motas
- [ ] cinco pompas de chicle
- [ ] a un ladrón de dulces
- [ ] un tigre
- [ ] a una persona con zancos
- [ ] un globo
- [ ] un as
- [ ] un cucurucho con cinco sabores
- [ ] un sombrero volando
- [ ] a Willy Wonka

LA TIENDA DE GOLOSINAS

- [ ] nueve ardillas de chocolate
- [ ] nueve monedas de plata brillantes
- [ ] una bicicleta nueva
- [ ] una gamba de caramelo
- [ ] unas gafas de caramelo
- [ ] la última barra de Delicia de Chocolate y Caramelo Batido de Wonka
- [ ] un palacio de chocolate
- [ ] una partida de ajedrez
- [ ] una pompa de chicle rota y pringosa
- [ ] al profesor Foulbody y su máquina para encontrar Billetes Dorados
- [ ] una pecera
- [ ] una tetera con forma de elefante
- [ ] a Willy Wonka

LA CASA DE CHARLIE

- ☐ al señor Bucket
- ☐ a la señora Bucket
- ☐ el tapón de la pasta de dientes
- ☐ una olla de sopa de repollo
- ☐ una esfera de nieve rota
- ☐ tres gatos

- ☐ tres pelotas de béisbol
- ☐ dos dados
- ☐ cuatro gorros de dormir
- ☐ siete telarañas
- ☐ una Sorpresa de Nuez Wonka sin abrir

- ☐ cinco mariquitas
- ☐ cinco velas
- ☐ el monedero del abuelo Joe
- ☐ cinco ratones
- ☐ las gafas del abuelo Joe
- ☐ a Willy Wonka

ANTES DE ENTRAR EN LA FÁBRICA

- ☐ un Billete Dorado
- ☐ un globo rojo
- ☐ una bicicleta bien alta
- ☐ a un dentista enfadado
- ☐ siete perros

- ☐ al tendero
- ☐ un reloj que señala cuándo empezará la visita
- ☐ a un hombre disfrazado de osito
- ☐ a una niña en un pogo saltarín

- ☐ un muñeco de nieve
- ☐ a un malabarista
- ☐ a alguien con un nido en la cabeza
- ☐ a cuatro reporteros
- ☐ a Willy Wonka

EL RECINTO DE CHOCOLATE

- ☐ a Augustus Gloop
- ☐ un Oompa-Loompa oliendo un botón de oro
- ☐ una bola de chocolate montaña abajo
- ☐ el paraguas de la señora Gloop
- ☐ nueve orugas verdes

- ☐ un árbol con una guinda en lo más alto
- ☐ un Oompa-Loompa con un cortacésped
- ☐ una calabaza de Halloween
- ☐ una ardilla
- ☐ un Oompa-Loompa con patines

- ☐ el símbolo de una bandera pirata
- ☐ un reloj de sol de caramelo
- ☐ un monopatín
- ☐ a un submarinista
- ☐ un pájaro con un sombrero de copa
- ☐ a Willy Wonka

EL BARCO DE CARAMELO DE FRESA

- [ ] una taza de chocolate caliente
- [ ] un Oompa-Loompa con un remo
- [ ] una vaca con peluca
- [ ] diez cupcakes violetas
- [ ] ocho peces de gominola
- [ ] cuatro grageas de colores
- [ ] dos chupa-chups luminosos
- [ ] la llave de la Sala de Invenciones
- [ ] un Billete Dorado
- [ ] un unicornio hinchable
- [ ] un catalejo
- [ ] una bebida de piña
- [ ] un reloj despertador
- [ ] un televisor
- [ ] un cencerro
- [ ] dos mensajes en sendas botellas
- [ ] cuatro cofres del tesoro
- [ ] a Willy Wonka

LA SALA DE INVENCIONES

- [ ] a Violet Beauregarde
- [ ] una comida de tres platos de chicle
- [ ] una gota de toffee capilar
- [ ] cinco grageas del arco iris
- [ ] una almohada de algodón de azúcar
- [ ] un cuenco de sopa de tomate caliente
- [ ] un Oompa-Loompa con un Caramelo Eterno
- [ ] un trozo de pastel de arándanos
- [ ] un caramelo cuadrado fisgón
- [ ] tres carteles de «Se busca»
- [ ] una partida de tira y afloja
- [ ] una manzana cadavérica
- [ ] papel comestible para empapelar
- [ ] una piñata reventada
- [ ] un Oompa-Loompa resbalando con una piel de plátano
- [ ] a Willy Wonka

EL CUARTO DE LAS NUECES

- [ ] a Veruca Salt
- [ ] dos helados calientes para días fríos
- [ ] cuatro avellanas doradas y perfectas
- [ ] una burbujeante botella de bebida gaseosa que levanta
- [ ] un trozo de papel comestible para empapelar
- [ ] una ardilla con el sombrero de Wonka
- [ ] una ardilla con un Billete Dorado
- [ ] una ardilla con un mando a distancia
- [ ] una ardilla vestida de Oompa-Loompa
- [ ] dos ardillas echándose una siesta
- [ ] un cacahuete gigante
- [ ] una cabeza de pescado
- [ ] cuatro chocolatinas de Wonka
- [ ] un soldado cascanueces
- [ ] un cupcake
- [ ] cuatro bastones de caramelo
- [ ] un Oompa-Loompa disfrazado de ardilla
- [ ] a Willy Wonka

LA SALA DEL CHOCOLATE DE TELEVISIÓN

- ☐ a Mike Tevé
- ☐ cuatro pares de gafas perdidos
- ☐ seis chocolatinas invisibles
- ☐ un traje espacial escarlata
- ☐ tres coches encogidos por la televisión
- ☐ un bol de cereales con leche

- ☐ un Oompa-Loompa con una gran pastilla
- ☐ un Oompa-Loompa comiendo palomitas
- ☐ un Oompa-Loompa director
- ☐ un Oompa-Loompa robot
- ☐ un Oompa-Loompa superhéroe
- ☐ un Oompa-Loompa mochilero

- ☐ un televisor pecera
- ☐ un muñeco de Willy Wonka
- ☐ un paraguas
- ☐ un chupa-chups gigante
- ☐ ocho pilas de caramelo
- ☐ a Willy Wonka

DENTRO DEL GRAN ASCENSOR DE CRISTAL

- ☐ una ardilla extraviada con una avellana
- ☐ una montaña de turrón
- ☐ la entrada a una mina de caramelo
- ☐ un huerto de manzanos de caramelo
- ☐ tres carretillas llenas de chucherías
- ☐ una vaca que da leche con chocolate

- ☐ cuatro Oompa-Loompas que han bebido demasiada gaseosa que levanta
- ☐ una piscina de limonada con gas
- ☐ una carretilla a la fuga
- ☐ una cometa
- ☐ una almeja

- ☐ una máquina que hace caramelos acalorantes
- ☐ un caracol
- ☐ un gusano de gominola
- ☐ a un apicultor
- ☐ a Willy Wonka

UNA NUEVA VISTA DE LA CIUDAD

- ☐ cinco camiones llenos de chucherías
- ☐ cuatro repollos
- ☐ siete perros
- ☐ una lavadora que rebosa
- ☐ al tendero

- ☐ un pez volador
- ☐ dos aviones de papel
- ☐ un cubo de pintura
- ☐ un balón de fútbol
- ☐ una fiambrera llena de caramelos

- ☐ a Fickelgruber, Prodnose y Slugworth dándose a la fuga
- ☐ cinco ratones
- ☐ una tarta de cumpleaños
- ☐ a Willy Wonka

SOLUCIONARIO

Las puertas de la fábrica

Por la ciudad

La tienda de golosinas

La casa de Charlie

Antes de entrar en la fábrica

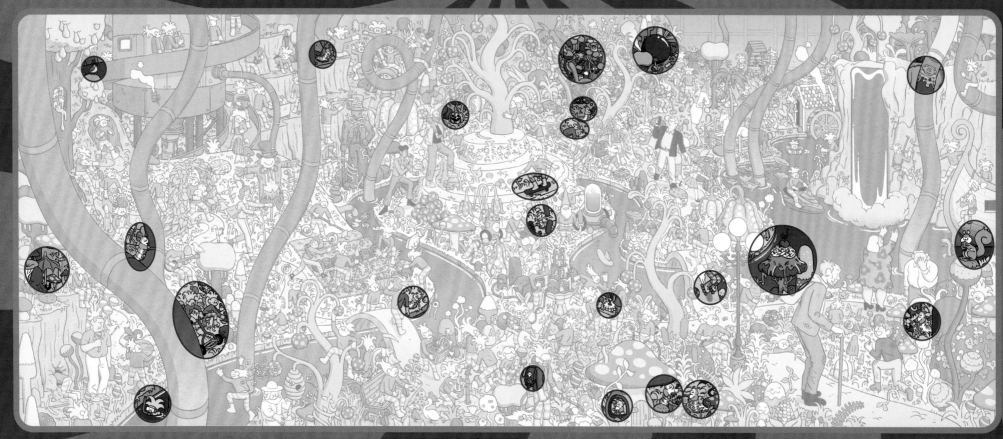

El Recinto de Chocolate

El barco de caramelo de fresa

La Sala de Invenciones

El Cuarto de las Nueces

La Sala del Chocolate de Televisión

Dentro del gran ascensor de cristal

Una nueva vista de la ciudad